ANASTASIA KOPPEL

AF200499

Heartstories

Persönliche und transformierende
Lebenserfahrungen

1

Und manchmal verlieren wir uns einfach in den dunklen Stürmen der Zeit, ertrinken in den hohen Wellen des Meeres, spüren keinen Halt inmitten des Windes und konzentrieren uns auf die dunklen, regnerischen Wolken.

Dabei wäre es doch so schön, die Vorfreude auf den Regenbogen zu spüren, auf den Wellen zu surfen, mit dem Wind zu tanzen und sich umzudrehen und zuerkennen, dass die Sonne immer scheint.

Inhaltsverzeichnis

Abgrenzung vs Verwundbarkeit

Es gibt zwei Sorten von Menschen. Die
einen, die sich und ihr Herz komplett
verschlossen haben vor der Welt und die,
die für alles offen und verwundbar sind.
Ich möchte euch in diesem Kapitel
aufzeigen, warum es nicht so gut ist, nur
eine Seite zu leben.
Es gibt nie nur eine Seite, es gibt immer
beide Seiten. Du kannst nicht nur
verschlossen sein oder nur verwundbar sein.
Du musst dir erlauben beides sein zu
dürfen, um gesund und menschlich zu sein.
Zunächst einmal möchte ich kurz erklären,
was Verwundbarkeit überhaupt bedeutet:
Du bist verwundbar, wenn du dein Herz offen
lässt für die Geschehnisse in der Welt.
Wenn du bereit bist die komplette
Gefühlspalette zuzulassen, d.h. alle
Gefühle und nicht nur die guten.
Schauen wir uns mal die Menschen an, die
ständig offen für die Geschehnisse in der
Welt sind. Diese Menschen sind so offen für
alles und jeden, dass sie ständig damit
beschäftigt sind, sich um etwas zu kümmern.
Besser gesagt, sie kümmern sich eigentlich
nur um alle anderen außer um sich selbst.
Warum? Diese Menschen opfern all ihre
Energie und Zeit, um mit allen anderen
mitzuleiden. Nach geraumer Zeit fragen sie
sich dann, warum sie Beschwerden haben,
sich schlapp und erschöpft fühlen und ihr
Körper die Notbremse zieht.
Lange, lange Zeit habe ich zu dieser, ich
nenne es mal Gruppe, gehört. Ich dachte,
ich bin ein guter Mensch, wenn ich mir das
ganze Leid meines Umfelds anhöre und da
mitgehe. Ich habe mich immer auf deren
Schwingungsebene begeben. Ich wollte sie

nicht im Stich lassen und eigentlich war es auch eine Masche von mir, bin ich ganz ehrlich, mitzuleiden, um geliebt zu werden und nicht alleine zu sein.
Immer wieder wies mich mein Körper darauf hin, dass das sehr ungesund für mich ist. Also entschied ich mich irgendwann dafür zu anderen Gruppe dazuzugehören.
Die Menschen, die zur Gruppe der Verschlossenen gehören, haben sich komplett von der Gefühlswelt abgekapselt. Sie haben ihr Herz komplett zugemacht und meiden jeden Kontakt und jede Situation, wo Gefühle hochkommen und ausgelöst werden könnten, vor allem die, die unangenehm sind.
 Da ich mich ja nun auch für dieses Verhalten entschieden hatte, merkte ich sehr schnell, wie viel Kraft mir die Verschlossenheit zunächst gab. Ich habe ein "scheiß-egal-Gefühl" entwickelt, was mich aus meiner körperlichen Krise etwas rausbrachte. Leider zeigte mir mein Körper kurze Zeit später auch hier, dass das nicht gesund für mich ist.
In meinem Umfeld kamen schwere Diagnosen raus, mit Trennungen und Krankheiten hatten Menschen, die ich liebte zu kämpfen.
Ich hatte mich so verschlossen, dass ich nicht einmal zuließ, dass ich über eine Situation, die mich eigentlich wirklich schwer traf, weinte und diese verarbeitete. Auch merkte ich, dass durch das Verschließen meines Herzens nicht mehr Liebe durchkommen konnte. Keine Liebe konnte zu mir durch und keine Liebe aus mir raus. Ich merkte die angestauten Gefühle und auch diese Enge, die Schwere und den Druck in und auf meiner Brust.

Erst als mein Sohn mich weinend ablehnte, weil er keine Liebe und kein Verständnis von mir spürte, musste ich erst einmal schlucken.

Ich sendete ihm wie sonst auch immer all meine Liebe und mein Verständnis, aber es kam nichts bei ihm an, weil um mein Herz eine derart massive Mauer war.

Wie ihr rauslesen könnt, befindet sich in jeder Gruppe ziemlich viel Angst. Die einen haben Angst verlassen zu werden, wenn sie sich abgrenzen und die anderen haben Angst vor ihren Gefühlen, wenn sie sich öffnen.

Doch was ist nun richtig, fragst du dich jetzt sicherlich auch.

Es gibt kein richtig und kein falsch. Du kannst im Endeffekt selber für dich entscheiden, was du leben möchtest.

Ich habe mich für mich entschieden beide Seiten zu leben und nichts auszuschließen.

Ich bin verwundbar und grenze mich auch ab. Eine gesunde Balance ist meiner Meinung nach das allerbeste. Du kannst dir aussuchen für welche Menschen in deinem Umfeld du dich offen und verwundbar zeigen möchtest und bei welchen Menschen du dich abgrenzen möchtest.

Du kannst auch ein sogenanntes Mittelfeld wählen, bei denen du dich erst verwundbar zeigst, anschließend Mitgefühl aufbringst und aus Liebe zu dir und Respekt zu deinem Gegenüber loslässt und dich abgrenzt.

Verwundbarkeit bedeutet nicht, dich für jemanden aufzuopfern und Abgrenzung bedeutet nicht, dich von jemandem zu entfernen. Verwundbarkeit ist ein Reflex unseres Herzens, das alles fühlen möchte und Abgrenzung ist ein natürlicher Reflex des Loslassens.

Mein Tipp: Sei aus Liebe zu dir verwundbar
und lass aus Liebe zu dir los.

Du kannst gerne mit folgendem Satz
arbeiten:
"Warum fällt es mir so leicht, eine gesunde
Balance zwischen Verwundbarkeit und
Abgrenzung für mich zu erschaffen?"

Und plötzlich weißt du:

Es ist Zeit,
etwas Neues zu beginnen
und dem Zauber
des Anfangs zu
vertrauen.

Absturz

Du kannst dich jede Sekunde in deinem Leben
neu entscheiden. Möchtest du weiterhin im
Käfig sitzen und dich von Löwen fressen
lassen oder entscheidest du dich
auszusteigen und dich auf die Blumenwiese
zu legen, die Sonnenstrahlen einzufangen,
entspannt auszuatmen und zu lächeln? Das
Aufstehen nach meinem Zusammenbruch schien
am Anfang unmöglich. Ich konnte mir nicht
vorstellen, wie ich mich aus diesem
Loch jemals wieder befreien konnte. Es war
egoistisch von mir, das gebe ich heute zu,
mich einfach aufzugeben. Meine Familie,
mein Mann und mein Kind im Stich zu lassen
und mich einfach abzuschreiben. Ich war
bereit dieses Leben zu verlassen. Das was
mich noch hielt, war die Angst vor dem Tod.
Ja es klingt hart und egoistisch, aber es
war so, ich bin ehrlich. Was bringt es mir,
dich anzulügen.
Vor allem wenn du dich in einer ähnlichen
Situation befindest, ist es mir noch
wichtiger, dir die Wahrheit zu sagen. Es
war bequem von mir diesen Weg zu wählen.
Klar, es ist einfacher sich aufzugeben,
alles hinzuschmeißen und das Leben von
Jetzt auf Gleich zu verlassen.
Ich hatte keinen Mut und auch keinen Arsch
in der Hose um für mich dazustehen, für
mich zu überleben. Irgendwann beschäftigte
mich mein schlechtes Gewissen meinem Kind
gegenüber. Ich wollte ihm das nicht antun,
dass er ohne seine Mutter aufwächst und vor
allem machte mich dieser Gedanke fertig,
auch jetzt kommen mir immer noch die
Tränen, dass ich mir die Chance nehmen
wollte, ihn aufwachsen zu sehen. Gott bin
ich dankbar, dass er zum richtigen

Zeitpunkt auf die Welt kam und mich umstimmen konnte zu bleiben. Wenn ich jetzt schreiben würde, der Weg wäre steinig gewesen, dann wäre das dermaßen untertrieben. Es war verdammt schwer, es pisste mich tierisch an, ich hatte kein Bock auf diesen Bullshit, es war eine Gefühlskatastrophe und eine reale und panikeinflößende Geisterbahn. Ich habe diese Zeit verflucht, jeden Tag an dem ich aufwachte, habe ich verflucht, jede Nacht, in der ich nicht schlafen konnte, habe ich gehasst. Ich habe alles gehasst, am meisten habe ich mich selbst gehasst. Doch war da jeden Tag dieses süße Lächeln und jede Nacht diese zierliche und sensible Stimmte, die mich immer wieder rausholte aus meinem Horrorfilm. Diese Hände, die mich fühlen ließen, dass Liebe auch für mich da war. Diese Füßchen, die mich lehrten immer wieder aufzustehen und weiterzulaufen. Es war, als wäre ich zeitgleich mit meinem Sohn neu geboren. Aber es musste erstmal diese alte Identität von mir sterben, damit überhaupt Platz war für ein neues Ich. Es war eher so, dass er mir beim Wachsen half und nicht andersrum. Ich begann wieder etwas Hoffnung zu verspüren, lernte das Leben aus Kinderaugen zu betrachten und ließ es zu, dass wieder Farbe in mein graues Leben kam. Und so entwickelte sich aus dem tiefen Hass und der aggressiven Wut und Verzweiflung immer mehr und mehr Liebe und Freude. Ich durfte lernen, dass es ok ist, sich zu fürchten und sich zu sorgen und habe erfahren, dass es immer gut für uns wird. Ich konnte Vertrauen und Liebe säen. Könnt ihr diese Dankbarkeit und diese Liebe zu meinem Sohn spüren? Wäre nicht er, würde ich all die Wunder des Lebens

verpassen. Es ging lange so, dass ich immer
wieder in das alte Muster zurückfiel.
Unzählige Male fiel ich auf den Arsch und
das Aufstehen kostete mich immens Kraft.
Ich war ständig erschöpft und depressiv.
Ich hatte einiges vor mir, das angesehen
und bearbeitet werden wollte.
Vergebungsprozesse wurden eingeleitet und
ich musste meine komplette Vergangenheit
umkrempeln und mich neu sortieren.
Heute ist mein Sohn drei Jahre alt und ich
arbeite immer noch an mir. Diese schlimme
Phase in meinem Leben habe ich losgelassen.
Es ist so, dass ich immer wieder mal
Panikattacken habe, aber ich habe gelernt
mit ihnen umzugehen. Es ist für mich nicht
weiter schlimm, dass sie in meinem Leben
sind. Ich habe sie akzeptieren und lieben
gelernt und begegne ihnen mit tiefster
Dankbarkeit. Ich habe Tools und Methoden
gefunden, dich mir helfen, mir wieder
Flügel wachsen zu lassen und auch
"Reparatursets" falls ich mir meine Flügel
wieder verletze.
Wenn im Außen alles zerbricht, wo findest
du Halt und Geborgenheit? Bei deinen
Liebsten, bei Freunden, bei Fremden, die
gute Zuhörer sind und denen du alles
anvertrauen kannst, auch das, was du deinen
Eltern oder deinem Partner nicht einmal
sagen könntest. Du findest immer
und das meine ich wirklich so, immer Halt
und Stabilität in der Natur. Mein Hund ist
mein bester Freund und auch mein
Seelenklempner.
Auch Tiere geben uns unendlich viel Liebe.
Meine Gedankenmuster komplett auf den Kopf
zu stellen, war die schwerste Aufgabe, aber
die allerbeste. Das was du denkst, fühlst
du und das was du fühlst, bist du. Ich habe

mich ständig gefragt, warum mir das passiert ist.

Warum wird eine junge Frau psychisch krank und ist so erschöpft? Warum ich und warum geht es allen anderen in meinem Alter nicht so?

Heute weiß ich warum, was ich anders hätte machen sollen, um mich nicht selbst zu verletzen. Ja ich bin selber schuld. Wir sind alle immer selber schuld. Und was ich heute auch noch weiß, ist, dass ich jetzt bereit bin, Menschen, die dasselbe durchmachen, zu zeigen, wie es funktioniert seine Flügel zu reparieren. Ich bin jetzt bereit, den Menschen zu zeigen, wie man fliegt. Heute weiß ich, was meine Seelenaufgabe ist. Ich habe dieses Reparaturset und gebe es gerne an dich weiter. Ich möchte dich bitten, dich nicht aufzugeben, obwohl auch das ok wäre. Ich möchte dich bitten, daran zu glauben, dass eine Straße rausführt aus deiner Sackgasse. Ich möchte dich bitten, dich zu erinnern, dass wir immer ge- und beschützt sind von unserem geistigen Team und, dass das Leben immer für uns ist, egal wie heftig die Erfahrungen sind. Danke, danke, danke.

Die tiefgründigste Sache,
die wir unseren Kindern bieten
müssen,
ist unsere eigene Heilung.

Der Umgang mit Trigger

Es gibt Menschen, die machen dich traurig.
Es gibt Menschen, die machen dich wütend.
Es gibt Menschen, die holen Angst in dir
hoch.
Früher habe ich solche Menschen gemieden.
Diejenigen, die mich traurig machten und
mich verletzten, aber auch die, dich mich
wütend machten, habe ich den Rücken
gekehrt. Ich habe eine Art Stoppschild
gegen sie aufgebaut, damit sie ja keine
Chance haben, mich wieder zu verletzen.
Einigen von Ihnen habe ich den Kontakt
abgebrochen. Ich habe sie spüren lassen,
dass sie schuld sind, dass es mir so
schlecht geht.
Die Menschen, die in mir meine Ängste
hochholten, die waren meine größten Feinde.
Ich wollte meine Ängste nicht anschauen,
sie nicht bearbeiten und nicht einmal diese
Emotion Angst fühlen. Früher waren das
meine Feinde, meine Täter und ich machte
mich ihnen zum Opfer.
Heute weiß ich, dass diese Menschen meine
größten Lehrmeister sind. Vor allem die
Personen, die einem wirklich nahestehen, ja
die eigene Familie, können am aller besten
deine wunden Punkte drücken und jeglichen
Mist in dir hochholen.
Ich habe für mich erkannt, dass der Umgang
und wie ich darüber dachte nicht richtig
und gesund für mich war.
Doch was ist der beste Umgang mit
Triggerpunkten? Wie reagiere ich auf Leute,
die mich triggern?
Vorab vielleicht noch zur Kenntnis, was
triggern überhaupt bedeutet. Triggern ist,
wenn ein Mensch mit seiner Tat oder seinen
Worten unangenehme Gefühle in dir hochholt.

Die nächste Frage die wir uns stellen
sollten, ist: Was ist das Geschenk hinter
Triggern?
Wenn jemand uralte unterdrückte Gefühle in
dir wieder aktiviert, ist es das beste was
dir passieren kann.
Im ersten Moment fühlt es sich nicht schön
an, denn wir müssen uns mit diesen Gefühlen
konfrontieren.
Aber wenn du bereit bist und deinen ganzen
Mut zusammenbringst und durch diese
unterdrückten Gefühle durchgehst und sie
durchfühlst, können sie sich
transformieren.
Dadurch hast du die Chance zu wachsen, zu
reifen und etwas zu lernen. Was könnte das
zum Beispiel sein? Du könntest lernen
zu vergeben, dein Herz wieder für die
Person, die dir wehtat öffnen, weil du
Mitgefühl und Verständnis ihr gegenüber
aufbringen kannst.
Du könntest herausfinden, welche
Schattenaspekte du für dich noch nicht
akzeptiert und integriert hast. Wenn du
diese dann integrierst und lieben lernst,
wirst du die wunderbare Energie dieses
Schattens spüren und kannst sie nutzen.
Ängste können angesehen werden. Meiner
Meinung nach kann das am Anfang durchaus
heftig sein aber am Ende wunderschön.
Du kannst lernen deine Ängste zu
überwinden, deine Komfortzone dadurch
erweitern und sie als Antrieb in deinem
Leben nutzen.
Wie du sehen kannst, geben dir Trigger eine
immense Chance, dich in deinem Leben
weiterzuentwickeln.
Du bist mutig und stark genug da
durchzugehen und dein Herz wird sich
freuen.

Wenn du das nächste Mal getriggert wirst,
kannst du wie folgt vorgehen:
Halte inne, atme tief durch und sage zu
dir:
"Ich hole mir jetzt meine Macht zurück. Ich
hole mir jetzt meine Kraft zurück. Ich bin
der Trigger. Ich nutze den Trigger, um
zu wachsen."

Stell dir die Frage:
Welches Geschenk verbirgt sich hinter
diesem Trigger? Was darf ich durch diesen
Trigger lernen?

Warum sollen wir sagen: Ich hole mir meine
Macht und Kraft zurück?
Wenn dich jemand angenommen wütend gemacht
hat, hat er es geschafft, dich aus deiner
Mitte zu locken. Sobald wir nicht gelassen
auf eine Situation oder einen Menschen
reagieren, sind wir nicht mehr in unserer
Macht - in unsere Schöpferkraft.
Anstatt dich nun über die Personen
aufzuregen und sie zu verurteilen, sei
ihnen dankbar.
Danke ihnen für diese Chance, hol dir deine
Kraft zurück und suche das Geschenk. Denn
eigentlich hast du dir den Menschen und
die Situation selbst ins Leben gerufen.
Denn alles hat seinen Sinn und Zweck. Jeder
Mensch ist in deinem Leben, weil du ihn zum
Lernen und
Wachsen brauchst. Danke.

Es ist an der Zeit,
für das, was war,
Danke zu sagen,
damit das, was wird,
unter einem guten Stern
beginnt.

Freundschaften

Ich bin wütend. Tränen laufen über mein Gesicht. Die Angst einen Menschen zu verlieren schnürt mir die Kehle zu. Als ich noch jünger war, so 17 Jahre, dachte ich, dass Gemeinsamkeiten die Beziehung zu einem Partner oder zu einer Freundin stärken. An sich ist es kein Problem, wenn man Gemeinsamkeiten hat oder auch nicht. Alles ist in Ordnung und sogar gut so wie es ist. Ich dachte immer, es wäre richtig und wichtig, meinen Partner oder meine Freunde zu bestärken, für sie da zu sein und hinter ihnen zu stehen. Das tat ich auch. Ich tat das so sehr, dass ich zu meinen Freunden wurde.
Ich hatte die selbe Meinung wie sie, tat dieselben Dinge und sprach genauso wie sie. Ich war nicht ich und genau das war der Punkt, der das Fass zum Überlaufen brachte. Nun fühle ich mich als hätte ich einen Gefühlscocktail zu mir genommen und dieser regiert gerade meinen Körper.
Ich bin verletzt und sauer, zutiefst enttäuscht und das doch eigentlich auf mich selbst. Ich bin selbst schuld, dass ich meine Lieben verurteile und ein Teil in mir möchte ihnen so gerne die Schuld in die Schuhe schieben für meinen jetzigen Zustand. Doch mein Herz weiß und sagt, es ist meine Verantwortung. Ich habe meine komplette Macht, meine Schöpferkraft, ich habe die Entscheidung so zu sein, wie ich sein möchte, in die Hände anderer gelegt und war einfach nur eine Marionette. Eine Kopie. Ein Fake.
Mir ist bewusst, dass diese Erfahrung wichtig war, um genau das zu sehen. Um endlich zu bemerken, dass ich nicht mein

Leben lebe, sondern das Leben anderer
Leute. Ich sah, dass es jemandem gut geht
und machte alles genauso wie derjenige.
Dass sich das aber nicht stimmig mit meinem
Herzen anfühlte, ignorierte ich eine lange
Zeit. Was ich dir heute sagen kann, ist:
Es ist ok, dir die Sorgen von Menschen
anzuhören, die du liebst. Es ist sogar
wichtig. Aber nichts ist so wichtig wie du
selbst. Das heißt, wenn du in diesem Moment
nicht in deiner Mitte bist und eigentlich
keinen Kopf und keine Energie frei hast, um
zuzuhören, dann sage das deinem Gegenüber.
Er wird es verstehen. Oder aber du hörst
demjenigen zu und bittest auch ihn, dir
zuzuhören, damit ihr euch gegenseitig
aufbaut. Ich war immer der Zuhörer und habe
nie um Hilfe und Rat gebeten, doch das
stärkt die Beziehung. Sich gegenseitig
Liebe schenken und Liebe annehmen.
Wenn jemand mit dir über jemand anderen
lästert und verurteilt, kritisiert, dann
mach da nicht mit. Ich bin immer
mitgegangen mit dieser Schwingung. Ich
dachte, es wäre richtig, zusammen zu
lästern. Den anderen den Rücken zu stärken
und ihm zu signalisieren, dass er
richtigliegt. Stoppe es, wenn du nicht
derselben Meinung bist. Und wenn du
derselben Meinung bist, dann versuche
trotzdem den positiven Sinn auch jeder
Situation herauszusuchen. Denn Freundschaft
und Liebe bedeutet auch, den anderen in
eine höhere Schwingungsebene zu
katapultieren und nicht, dich mit
runterziehen zu lassen. Nehme deinen ganz
eigenen Blickwinkel an und schildere diesen
deinen Lieben.
Manchmal sind es die, die uns am Nächsten
stehen, die unsere persönlichen Grenzen

überschreiten. Auch das kommt vor und sehr wichtig in jeder Beziehung. Traue dich auch hier Grenzen zu setzen. Natürlich fällt es uns leichter Fremden oder Menschen, die uns nicht so sehr am Herzen liegen, zu sagen: Stopp bis hier her und nicht weiter. Aber genau das ist ja das Training.
Auch Menschen, die dir wichtig sind, das liebevoll sagen zu können ohne im Streit zu landen. Obwohl sogar das ok wäre.
Ich habe das nie getan, bis heute. Und vielleicht tust du das auch noch? Dann könnte es sein, dass hier noch die Angst überhandnimmt, diese Person zu verlieren. Doch ich verspreche dir, das tust du nicht. Du kannst vertrauen, dass sie immer bei dir sein wird, solange ihr euch gegenseitig guttut. Es gibt so viele weitere Beispiele, die ich jetzt nennen könnte. Was ich sagen möchte, ist, ändere die Ebene in deinen Beziehungen. Ich bin bereit, du bist bereit, wir sind alle bereit, die Abhängigkeiten gegenüber unseren Eltern, Partnern, Geschwistern, Freunden usw. abzulegen. Abhängigkeit ist Kontrolle und Kontrolle ist Angst. Abhängig sind wir, wenn wir Angst haben jemanden zu verlieren. Loslassen ist Vertrauen und Vertrauen ist Freiheit. Freiheit für dich und für eine Beziehungen. Ist diese Basis nicht viel schöner, voller Leichtigkeit und Freude? Fühl mal in dich rein. Welche Art von Beziehung fühlt sich für dich stimmig und schön an?
"Ich bin bereit meine Angst anzunehmen und entscheide mich dafür, diese Energie in noch mehr Vertrauen zu lenken."
Du wirst merken wie leichter und entspannter du dich fühlen wirst. Und damit gibst du auch deinen Lieben die Möglichkeit

das selbe zu tun. Leichtigkeit, Freude und
Vertrauen in ihr Leben zu ziehen.

Freunde sind wie Schuhe:
Wenn man jung ist, kann man nicht genug
davon haben.
Später stellt man fest, dass es immer die
gleichen sind,
mit denen man sich wohlfühlt.

Gesunder Egoismus

Früher verurteilte man mich immer, indem man mich als geizig bezeichnete. Diese Verurteilung tat mir sehr weh. Jahre später konnte ich immer noch den Widerstand gegenüber Geiz spüren. Nein ich wollte nicht geizig sein, vor allem wollte ich nicht, dass man mich verurteilt und ablehnt. Und am aller wenigsten wollte ich, dass mich Menschen deswegen verlassen, weil sie mich so nicht lieben können. Das kann schon stimmen, dass ich geizig war und auch immer noch bin. Ich habe nicht immer viel Trinkgeld gegeben und manchmal auch gar keins. Ich habe nicht Geld in Markenklamotten gesteckt und habe in Restaurants eher das günstigere bestellt. Das liegt daran, dass mir das Geld nicht vom Himmel fiel. Und auch lag das daran, dass mir beigebracht wurde, mein Geld, das ich zur Verfügung habe so aufzuteilen, dass es mir bis zur nächsten Gehaltsabrechnung reichte. Meistens waren es die Leute, die mich verurteilten, die nach zwei Wochen bereits nichts mehr von ihrem Gehalt übrighatten. Aber gut, jeder kann da so handelt, wie er es für richtig hält. Dadurch, dass ich nicht abgelehnt und verlassen werden wollte, habe ich mich mit dem Wichtigsten in unserem Leben, was nicht materiell und im Außen ist, sondern was feinstofflich und in unserem Inneren liegt, nicht gegeizt.

Gang im Gegenteil. Ich habe meine komplette Energie, meine Liebe, meine Kraft und alles in mir für andere gegeben. Ich habe alles gegeben und somit um ihre Liebe und Aufmerksamkeit gekämpft. Und auch obwohl ich merkte, dass ich von manchen ausgenutzt

werde, machte ich weiter. Mit dem Ausnutzen sollte mir eigentlich bewusstwerden, dass es nicht gut für mich war, was ich tat und damit aufhören sollte. Aber mein Kopf, die Angst in meinem Kopf, sagte: Vielleicht sollte ich noch mehr geben, vielleicht reicht es den Leuten nicht? Heute ärgere ich mich nicht mehr über mich, heute kann ich darüber schmunzeln und auch lachen. Heute kann ich mich fast schon auslachen und sagen: Mei warst du blöd. Ich nehme heute nicht mehr alles so persönlich und vor allem mich nicht mehr so ernst. Nein, ich nehme mich schon ernst, nur mit viel mehr Humor und Gelassenheit. Durch meine ständige Erschöpfung und depressive Phasen, die eigentlich schon keine Phasen mehr waren, sondern eine chronische Entwicklung, habe ich mir die Zeit genommen und hörte in meinen Körper hinein. Ich versuchte zu reflektieren und so herauszufinden, durch welches Denken, Fühlen und Handeln ich in mir diese Symptome erschaffen hatte. Und dann wurde es mir klar, es fiel mir wie Schuppen von den Augen und ich wusste, dass diese Erschöpfungszustände daherkamen, weil ich meine Energie allen zur Verfügung gab, mich nur um andere kümmerte, nur so lebte, wie es anderen gefiel, der gleichen Meinung war wie die anderen. Ich führte eigentlich nicht mein Leben, sondern das Leben der Menschen um mich herum. Ich passte mich an jeden an. Und weil ich mir keinen Gedanken über mich machte und mich fragte: Was würde ich jetzt lieber tun?
Wie würde ich darüber denken? Was würde MIR jetzt guttun? Womit könnte ich MIR jetzt eine Freude machen? Wie könnte ich MIR jetzt Liebe schenken?

Ja, weil mein Leben sich nicht um mich drehte, sondern um andere, bin ich depressiv geworden. Meine Zellen und alles in mir dachte: Für was sollten wir Energie erzeugen und vor allem womit, wenn sie ja sowieso nicht für sich leben möchte. Diese Erkenntnis tat so megamäßig weh und vor allem mir das zuzugestehen, war die schwerste Aufgabe dahinter. Doch ich bin da durch, durch alle Gefühle die mich dann überkamen. Ich falle manchmal immer noch in dieses Muster, aber ich erkenne immer besser und schneller, wenn ich mich darin befinde und komme auch schneller wieder raus. Denn ich weiß jetzt wie es sich anfühlt, das Muster zu leben und es nicht zu leben und ich kenne meine körperlichen Symptome, die mir signalisieren, wann ich da reingefallen bin. Höre auf deinen Körper, lass ihn sprechen und dir mitteilen, wo du noch mehr in die Selbstliebe, in die Vergebung und ins Vertrauen gehen kannst.
Das ist ein lebenslanger Prozess mit immer neuen Erkenntnissen. Eine stetige Transformation, für die wir uns als Seele entschieden haben und nun hier als Mensch erfahren dürfen. Danke.

Am liebsten sind mir ja die
mit Sonne
im Herzen
und Blödsinn
im Kopf

Helfersyndrom

Schon als kleines Kind wusste ich, dass ich Menschen helfen möchte. Ich war es satt mit anzusehen, wie sich die Menschen in meinem Umfeld gegenseitig und gleichzeitig sich selbst bekämpften. Ich war als Kind schon so müde und ausgelaugt vom Leiden auf der Welt.
Mich wundert es daher nicht, dass ich mit bereits 23 Jahren unter Erschöpfungsdepressionen, sämtlichen körperlichen Krankheiten und Panikattacken litt. Meine Mutter war gelernte Krankenschwester und wünschte sich, dass ich mich auch für diesen Bereich interessiere.
Aber das war gar nicht meins. Ich konnte kein Blut sehen das war Punkt eins und Punkt zwei war, dass ich eine extreme Übelkeit bekam, sobald ich ein Krankenhaus betrat. Ich verbinde es damit, dass ich bereits als Neugeborenes auf dem OP-Tisch lag und sich bereits hier meine Ängste entwickelten. Erst als ich psychisch krank wurde und mich mit der Materie Psychologie und Spiritualität befassen musste, fand ich heraus, in welche Richtung mein Weg gehen würde. Ja und jetzt sitze ich hier und schreibe dieses Buch für uns. Dadurch, dass ich immer mitgelitten hatte, wenn ich jemanden sah, der traurig, voller Schmerz und Leid war, bin ich eher in die Abwärtsspirale gekommen. Ich hatte so sehr diesen Wunsch danach die Welt zu einem gesünderen Ort zu machen und die Menschen glücklicher zu sehen, dass ich meine komplette Energie und Gesundheit in meine Mitmenschen steckte. Keine Sekunde dachte ich dabei an mich.

Das war ein fataler Fehler und definitiv nicht der richte Weg. Mein Körper hat es mir ganz deutlich gezeigt. Ich hatte dauerhaft Blasenentzündungen, Nasennebenhöhlenentzündungen, Erkältungen und hatte Angstzustände. Das war ein ziemlich langer Prozess und bis heute fällt es mir manchmal schwer, nicht wieder in dieses Helfersyndrom-Muster zu fallen. Mittlerweile habe ich es gelernt eine gewisse emotionale Distanz zu Menschen zu halten. Das war in meinen Augen früher immer purer Egoismus. Heute nenne ich es Selbstliebe. Ich habe angefangen neu darüber zu denken und habe mich entschieden, den Menschen nicht ihre Erfahrungen und Herausforderungen, für die sie sich als Seele entschieden habe, wegzunehmen und für sie zu lösen. Jeder Mensch hat hier seine Aufgaben und Ziele zu erfüllen. Ich habe begriffen, dass ich nicht die ganze Welt retten konnte. Ich muss ehrlich gestehen, dass es mir schwer fällt mich abzugrenzen, sobald es um meine Familie, meine Eltern und Geschwister geht. Hier ist die Verbindung einfach so eng und stark, dass es mich aus meiner Mitte wirft, wenn jemandem etwas geschieht oder eine schwerwiegende Diagnose gestellt wird. Das ist aber absolut menschlich und auch wichtig meiner Meinung nach. Immerhin sind wir ja auch auf der Welt um verwundbar zu sein. Zu einigen Menschen sollte man diese verwundbare und offene Verbindung beibehalten, denn sonst werden wir zu hart. Eine gute Balance zwischen Verwundbarkeit und Abgrenzung ist das allerbeste.
In meiner beruflichen Laufbahn als Heilerin war es auch eine hart zu knackende Nuss bis

ich gelernt habe, wie ich Menschen helfen kann ohne, dass ich mich wieder vergesse. Ich habe mich entschieden den Leuten meine Tools und Techniken, die ich anwende und dir mir helfen nicht aufzuschwätzen und sie nicht auf unbewusster Ebene zu zwingen dies auch zu tun. Ich gehe einfach meinen Weg, den ich für gut halte, lasse die Welt aber daran teilhaben. Ich schreibe Beiträge und Posts auf Instagram und Facebook und erstelle mir eine eigene Homepage, wo alle lesen und miterleben können, was ich tue. So hat jeder die freie Entscheidung, ob er mir folgen möchte oder nicht. Außerdem war eine sehr wichtige Erkenntnis für mich die, dass womöglich jetzt noch nicht der richtige Zeitpunkt ist, um sich auf den Weg der Heilung und Veränderung zu begeben. Das habe ich erkannt und akzeptiert. Aber vor allem und ganz wichtig auch respektiert. Dadurch konnte ich eine enorme Erleichterung spüren und die Entzündungen in meinem Körper konnten heilen. Geh deinen Weg für Dich. Denn wenn du das tust, gibst du den anderen die Chance, das gleiche zu tun.
Danke, danke, danke.

In dir ist die Kraft, die du
brauchst,
die Geduld, die dir zu fehlen
scheint,
die Idee, die dich weiterbringt.

Glaube an Dich.

Krankheiten und Krisen

Wie denkst du über Krisen? Was hälst du von Krankheiten? Ist es etwas Schlechtes in deinen Augen? Schon immer dachte ich schlecht über Krisen und Krankheiten. So wurde es uns von unseren Vorfahren, von unseren Ahnen doch weitergegeben, oder? Es sei nichts Gutes. Will ich nicht, brauch ich nicht, weg damit. Bist du krank, dann bist du schwach und hast ein schlechtes Immunsystem. Befindest du dich in einer Krise, kriegst du dein Leben nicht auf die Reihe. Viele solcher Gedanken haben sich in uns abgespeichert und wurden von uns als wahr befunden und dadurch noch mehr verstärkt. Aber kann es nicht sein, dass eine Krankheit, sei es eine Erkältung, Migräne etc. und eine Krise, wie zum Beispiel eine Trennung vom Partner oder Geldsorgen, Chancen sind, Lehrmeister sind und für uns da sind? Kann es nicht sein, dass dies eine Chance ist, damit wir wachsen und uns mit positiven Auswirkungen verändern können? Klingt zunächst merkwürdig, nicht? Unrealistisch? Mein Kopf sagte anfangs auch immer, was das für ein Bullshit sei. Das ist verständlich, denn, wenn wir Jahre und sogar Jahrzehnte davon überzeugt waren, dass Krisen und Krankheiten etwas Negatives seien, braucht es eine gewisse Zeit, bis wir uns an dieses neue Denkmuster gewöhnen und es sich für uns stimmig anfühlt. Ich konnte es als ich angefangen habe, mich mit Persönlichkeitsentwicklung zu beschäftigen auch nicht glauben, bis ich diesen neuen Gedanken in mein Leben integrierte. Ich dachte:

Na gut, dann versuche ich es mal, schlechter wie ich mich eh schon fühle, geht bestimmt nicht. Ich bin unendlich froh darüber, diesen Versuch gestartet zu haben. Jetzt bin ich davon überzeugt, dass unser Körper nicht gegen uns arbeitet, sondern immer für uns da ist.

Auch das Leben ist immer für uns, das Universum oder nenne es Himmel, Gott, die Engel, die Geistige Welt. Wir bekommen Krisen in unser Leben geschenkt, damit wir sehen können: Hier stimmt etwas nicht. Hier höre ich noch nicht auf mein Herz.

Meine Vorgehensweise sieht wie folgt aus…
Ich nehme eine Erschöpfung oder eine andere körperliche Empfindung zunächst bewusst wahr. Ich schließe meine Augen und spüre in meinen Körper. Wo spüre ich etwas? Spüre ich Enge in der Brust? Einen Stein im Magen? Eine Verspannung im Nacken?

Egal was es ist, ich nehme es wahr und sage innerlich zu mir: Alles in mir darf jetzt da sein und heilen.

Ich nutze diese Momente als eine Art von Meditation, die ich selbst gedanklich führe.

Dadurch passiert folgendes in uns: Wir fangen an den Widerstand, den wir gegenüber diesem unseren Zustand entwickelt haben, langsam aufzulösen. Du kannst dir auch vorstellen, wie dein Atem genau an diese schmerzende und blockierte Stelle fließt und dort dazu führt, dass zum Beispiel Verhärtungen weicher werden und sich auslösen. Oder du sagst innerlich:

Alle Blockaden in mir, die jetzt zur Heilung bereit sind, fließen durch meinen Körper, in meine Arme und in meine Hände.

Dann mache deine Hände zu Fäusten und stell dir vor, du hälst diese Blockade in deinen Händen.
Als nächstes sagst du dir: Ich bin jetzt bereit alles loszulassen, was mir nicht guttut. Nachdem du das innerlich ausgesprochen hast, öffnest du deine Hände und stellst dir vor, wie diese schweren und destruktiven Blockaden von deinen Händen entweder in die Erde sickern oder in den Himmel hochsteigen und sich dort durch Mutter Erde und die Geistige Welt in Liebe transformieren. Spüre nach. Was hat sich in dir getan? Was hat sich an deinen Empfindungen geändert? Konnte bereits alles gehen oder nur ein Teil?
Diese Übung kannst du so oft machen wie du möchtest. Aber setz dich nicht unter Druck von jetzt auf gleich alles auflösen und heilen zu wollen. Je ungeduldiger du bist und je schneller du etwas weghaben möchtest, desto schlimmer machst du es.
Sollte das der Fall sein, dann ließ dieses Kapitel bitte von neu.
Alle Blockaden und Schmerzen sind so lange da, wie du sie brauchst. Vertraue darauf, dass du sie zum richtigen Zeitpunkt am richtigen Ort heilen kannst und wirst.
Ich wünsche dir alles Liebe bei deinem Heilungsweg.

Gefühle sind nur Besucher.

Lass sie kommen, aber
Lass sie auch wieder gehen.

Loslassen

Dieses Wort begleitet mich seit ca. fünf Jahren. Vor fünf Jahren begann mein Heilungsweg. In mir stürzte alles zusammen, Ängste überrollten mich und ich war einfach nur noch körperlich lahmgelegt. Ich war so erschöpft, dass ich nicht mehr entspannen konnte. Eine ständige Unruhe breitete sich aus bis hin zu Angst- und Panikzuständen. Zu dem Zeitpunkt hieß es immer zu mir: Anastasia du musst loslassen. Lass deine Vergangenheit los und lebe weiter. Hmmm, ja ok, von mir aus sehr gerne, wenn sich mein Zustand verbessert, lasse ich los. Jetzt sofort lasse ich los. Doch eigentlich wusste ich absolut nicht was es bedeutet loszulassen. Ich dachte immer es würde so aussehen: Ja mei, ist Vergangenheit, ist vorbei, brauchen wir nicht mehr darüber nachdenken. Leider war es dann doch nicht so einfach. Das führte eher zu noch mehr Unterdrückung. Es war ein langer und steiler Weg des Loslassens. Loslassen geht nicht von heute auf morgen. Wenn du eine Situation, die im Moment passiert ist, loslassen möchtest, kannst du das innerhalb von Sekunden. Wenn allerdings deine komplette Vergangenheit auf dich wartet und losgelassen werden möchte, dann befindest du dich in einem längeren Loslassprozess. Bei mir war es so, dass der Prozess mit der Geburt meines Sohnes begann. Alle Situationen und Geschichten meiner Kindheit und Jugend kamen in mir hoch. Alles wollte angesehen werden, denn nach 23 Jahren Verdrängungsarbeit, ist alles explodiert.

Was ich für mich rausgefunden habe, was das Loslassen bedeuten könnte und wie es funktioniert, ist folgendes:
Als erstes musst du dich trauen, dir die Situation anzusehen. Du musst es dir erlauben alle Gefühle, so unangenehm und heftig sie sein könnten,
wahrzunehmen und sie da sein zu lassen. Fühle was in dir vorgeht, spüre welche Empfindungen sich zeigen aber bewerte sie nicht.
Ich sage mir innerlich immer: Alles in mir darf jetzt da sein. Alles in mir darf jetzt heilen.
Lass alle Gefühle zu, lass Tränen laufen, wenn sie laufen möchten. Das führt dich zum nächsten Schritt. Du fängst an zu akzeptieren, was geschehen ist.
Ein Vergebungsprozess wird gestartet. Aus Wut und Angst kann sich nun Verständnis und Vergebung entwickeln. Das passiert ganz automatisch, denn Vergebung ist ein natürlicher Reflex unseres Herzens. Du fängst an zu verstehen, warum du so gehandelt hast oder wieso ein anderer so gehandelt hat.
Du lernst, dass alles in Ordnung ist, egal was es ist. Jeder Gedanke, jedes Gefühl und jede Tat ist in Ordnung und darf sein.
Der letzte Punkt ist, wenn du Vergeben konntest, dass du Dankbarkeit und Freude entwickelst über eine Situation. Du bist dankbar dafür, dass du etwas daraus lernen konntest, dass du wachsen konntest, dass aus dir nur dieser Mensch werden konnte, weil du durch diesen Schmerz durchgegangen bist.
Freude entsteht in dir, wenn du durch deine Erfahrung jemand anderem, der sich in der selben Geschichte befindet, helfen kannst.

Wenn du im Hier und Jetzt eine Situation hast, die dir Angst macht, dann unterdrücke diese Angst bitte nicht.
"All meine Angst darf jetzt da sein. Ich entscheide mich dafür die Energie meiner Angst bewusst in eine neue Richtung zu lenken und damit mein Vertrauen in das Leben zu verstärken."

Du kannst dir auch folgende Frage stellen: Warum fällt es mir so leicht, meine Angst in Besitz zu nehmen und sie dann wieder loszulassen?

Loslassen
Heißt sein Leben neu zu sortieren,
seine Zukunft zu planen
ohne an der Vergangenheit
zu klammern
und die Zeit zu genießen,
in der man sich gerade befindet.

Loslassen
Heißt auch kommende Gefühle zuzulassen
Und diese auch zu akzeptieren.
Es heißt auch sich zu trauen,
etwas zu tun wovor man Angst hat.

Loslassen
Heißt vergessen zu können
Worüber man sich ärgert,
auch wenn es noch so schlimm ist.
Der Kopf muss lernen loszulassen,
damit die Seele wieder atmen kann.

Aufkochende Wut

Kennst du es, wenn jemand etwas zu dir
sagt, dass dich kränkt, dass dein Kopf dir
dann verklickern möchte, dass dich dieser
jemand klein machen möchte? Jedes Mal, wenn
wir uns verletzt oder beleidigt fühlen,
rutschen wir in unser Ego. Mit dem Ego
meine ich, dass wir uns so verhalten und
reagieren wie wir es als Kind getan haben.
Nehmen wir mal an, dass deine Eltern an dir
rumnörgeln, weil du unordentlich bist und
in ihren Augen ständig irgendwelche Sachen
irgendwo rumliegen lässt.
Es könnte sein, dass du ängstlich
reagierst. Also eigentlich bist du wütend
auf deine Eltern, aber räumst trotzdem auf,
weil du Angst davor hast, Ärger zu bekommen
und, dass sie dir Liebe entziehen. Das war
ein Grund in meinem Leben, dass ich ein
Perfektionist geworden bin. Ich hatte die
selbe Putzsucht, wie meine Mutter und
erledigte alle Arbeiten, ob beruflich oder
privat mit bester Sorgfalt und fehlerfrei,
wie mein Vater.
Alles andere, sprich ein Staubkörnchen oder
ein Minifehler waren einfach tabu und nicht
akzeptabel. Naja dieser Perfektionismus,
den ich jahrelang betrieben habe, führte
mich auch in die Erschöpfungsdepression.
Auf der Arbeit wollte ich die beste sein,
ich wollte Anerkennung und Wertschätzung
für das was ich leistete. Ich wollte
unersetzbar sein.
Also arbeitete ich stillschweigend und
total erschöpft in meinem Bürojob für zwei
Vollzeitleute plus übernahm ich noch die
Arbeiten von meinem Leiter, der sich total
entspannt und gleichgültig lieber einen
Freibandaufenthalt gönnte, als während der

Arbeitszeit wirklich zu arbeiten. Ich war
auch noch so dumm und hab ihn nicht mal
verpetzt, weil ich Angst hatte, wie die
Situation in unserer Abteilung sein würde,
wenn ich ihn knallhart verpetzen würde.
Als ich Mutter wurde, wollte ich die
perfekte Mama sein, die perfekte Hausfrau,
die perfekte Ehefrau und noch so viel mehr
Perfektion.
Das Leben zeigte mir natürlich sehr
schnell, dass das so nicht ging und bremste
mich eine lange Zeit aus.
Ich bin ganz ehrlich, es gab eine gewisse
Zeit in meinem Leben, da gab ich meinen
Eltern die Schuld dafür, dass ich jetzt so
erschöpft und depressiv war, nur weil sie
mich so erzogen hatten.
Also hatte ich mich beschlossen, alles
genau umgekehrt zu machen. Ich wurde zum
Rebell. Ich räumte gefühlt fast gar nicht
mehr auf. Ich ignorierte die Hundehaare auf
dem Boden und auch auf dem Sofa. Mir war es
Wurst, ob mein Kind heute nochmal die Hose
anhatte, auf der gestern schon ein Fleck
war und so weiter. Ja und ich muss
gestehen, ich war sehr unordentlich und
fast sogar schlampig gewesen in dieser
Zeit. Zum einen wegen der Wut auf meine
Eltern, zum anderen weil ich auch einfach
Angst davor hatte, zu viel zu tun, um nicht
wieder in die Erschöpfungsdepression zu
fallen.
Und jedes Mal, wenn meine Eltern mir
sagten, wir schmutzig es bei mir zu Hause
sei oder, dass ich mal aufräumen sollte
oder dies oder das anders machen sollte,
bin ich noch mehr in den Widerstand
gegangen. Ich hatte einfach kein Bock mehr,
dass mir jemand etwas befielt, denn ich war
ja schon erwachsen. Und außerdem, hätten

sie mir es anders beigebracht, hätte ich jetzt die Scheiße nicht am Hals, in der ich mich befand.

So geht es uns doch allen oder? Immer, wenn uns jemand schimpft oder etwas erklärt, was wir anders oder besser machen könnten, blockieren wir doch, oder? Wir reagieren wie kleine bockige Kinder und machen absichtlich das Gegenteil. Das Problem ist, dass uns unser Kopf einreden möchte, dass uns jemand damit verletzen oder ärgern möchte, dass sich jemand über uns stellen möchte und so weiter.

Aber sind wir doch mal ganz ehrlich zu uns und stellen mal die Stimme in unseren Köpfen leiser und unser Herz dafür lauter. Kann es nicht sein, dass uns unsere Eltern beispielsweise nur helfen möchten? Dass sie uns so erzogen haben, wie sie es taten, weil sie der Meinung waren, dass es richtig sei? Dass sie alles nach ihrem besten Wissen und Gewissen taten? Klar, ist das so. Wir müssen uns das einfach nur eingestehen und ehrlich zu uns sein. Wenn wir alle einfach mal unser egoistisches, angstbesetztes Denken und unseren Stolz ablegen würden, könnten wir das erkennen. Und was ist, wenn uns fremde Personen oder Bekannte schimpfen oder verurteilen? Wie reagieren wir da drauf? Also im Endeffekt, macht es jeder Mensch so gut er kann und so, wie er es für richtig hält. Und manchmal kann es auch sein, dass man einfach nur als Lückenbüßer oder Seelenmülleimer zur Verfügung steht, damit jemand seinen Ärger an uns abladen kann. Du kannst entweder dagegen reagieren, sprich genauso wie dein Gegenüber oder du bleibst einfach in deiner Mitte und Kraft, hörst es dir an, wenn es ok ist oder du gehst

einfach, weil du nichts aushalten musst,
was du nicht möchtest. Nimm also nicht
einfach alles persönlich. Manches hat
einfach gar nichts mit dir zu tun.
Um das herauszufinden, stell dir doch
einfach innerlich diese Frage:
Was hat das mit mir zu tun? Welche
Botschaft könnte hier für mich enthalten
sein? Wie kann mir diese Situation, dieser
Mensch helfen mich weiterzuentwickeln und
an mir zu arbeiten?
Vielleicht könntest du über die
verurteilenden Worte deines Gegenübers
einmal nachdenken und dich fragen, ob er
nicht Recht hat, mit dem was er sagt?
Vielleicht könntest du die Wut, solltest
sie in dir hochkommen, einfach dafür
nutzen, um noch mehr in deine Kraft zu
kommen?
In meinem Putzfall konnte ich folgendes für
mich transformieren:
Es ist meine Entscheidung, wie ich es gerne
machen möchte, da ich ein erwachsener und
freier Mensch bin und die Meinung anderer
ist deren Meinung, nicht die Wahrheit über
mich. Und eigentlich hätte ich es doch
wieder sauberer in meiner Wohnung, denn das
im Außen spiegelt mir meine Unordnung und
meinen Unfrieden im Innern wieder.
Aufräumen und putzen macht mit ja auch
eigentlich Spaß und lässt mich ein
Erfolgserlebnis fühlen, wenn ich es tue,
auch wenn es nach einer halben Stunde
wieder voller Haare vom Hund ist oder
Spielzeug überall verstreut rumliegt. Ich
nutze diese Wut in mir, um erstens meinen
Eltern zu vergeben, nein eigentlich um mir
zu vergeben, denn wie gesagt, taten sie ihr
Bestes und zweitens nutze ich die Energie,
um mir bewusst zu werden, was ich will.

Anstatt mich bockig auf dem Sofa gedanklich noch mehr zu erschöpfen, was einer der wirklichen Gründe für meine Erschöpfungsdepression war, nutze ich die Energie, um ins Handeln zu kommen. Nimm dir doch ein paar Momente Zeit und überlege dir, was dich verletzt, wenn jemand etwas zu dir sagt? Ist vielleicht jemand der Meinung, dass du verantwortungslos, faul oder zickig bist? Was nervt dich? Und was fühlt sich für dich stimmig an? Steige aus aus dem perfektionistischen und rebellischen Verhalten und tue das was dir Spaß macht, fühle dich so, wie es sich stimmig anfühlt, vergebe, liebe und lache wieder. Erschaffe dir das Leben, das du dir wünschst, nimm dir nicht alles zu sehr zu Herzen, sondern nutze jede Gelegenheit, um zu wachsen, um dich weiterzuentwickeln und dein Traumleben zu erschaffen. Viel Spaß dabei.

Es gibt nur einen richtigen Weg:

Deinen eigenen!

Transformationsprozesse

Hätte mir damals in meiner tiefsten Phase
meines Lebens jemand gesagt, dass
Transformationsprozesse ein Leben lang
dauern, wäre ich wahrscheinlich
ausgerastet, in Tränen ausgebrochen und
noch vieles mehr.
Jedes Mal hieß es: Es ist ein
Transformationsprozess. Du befindest dich
in einer Reinigung, Entgiftung und
Veränderungsphase. Boah, das war mal zum
Kotzen. Ich hatte einfach keine Lust
darauf. Ich wollte diese körperlichen
Empfindungen nicht haben, meine Gefühle
wollte ich nicht spüren und alles, einfach
alles was war, wollte ich nicht haben. Ich
war im Widerstand. Ein
Transformationsprozess nach dem anderen.
Immer und immer wieder. Wann hat denn das
ein Ende, fragte ich mich ständig. Heute
kann ich lächelnd sagen: Gar nicht solange
wir leben. Und selbst nach dem Tod, wenn
wir uns als Seele entscheiden, nochmal als
Mensch auf die Erde zu kommen, geht es
wieder weiter. Ganz ehrlich, es hat Jahre
gedauert, bis ich das erstens erkannt habe
und zweitens bis ich es annehmen konnte.
Denn je mehr ich Widerstand leistete, desto
mehr wollte ich dieses Leben aufgeben. Mein
Kopf sagte immer: Wie kann das sein, dass
das Leben so ist? Sind wir nicht hier, um
glücklich zu sein? Die Stimme meines
Herzens hatte ich da noch lange überhört.
Die Herzensstimme ist meistens nicht das
was wir hören wollen, vor allem möchte
unser Kopf, uns Ego das nicht hören. Lange
beschäftigte ich mich mit dem Sinn des
Lebens. Warum leben wir? Wieso leiden wir?
Wieso sterben wir? Wieso werden wir krank?

Wieso können wir nicht geboren werden und dauerhaft glücklich und entspannt sein und immer Spaß haben? Warum haben wir so oft Angst? Warum gibt es Krieg und Hungerleiden? Warums über Warums. Ich las viele Bücher und fragte viele nach dem Sinn des Lebens. Manche wussten es auch nicht und die, die es zu wissen meinten, sagten alle etwas Anderes. Wie kann das sein? Ich fand heraus, dass jeder Mensch dem Leben selbst einen Sinn geben darf oder sogar muss. Dass jeder seinem Herzen lauschen sollte, um so herauszufinden, was für ihn sinnvoll ist. Das was sich für mich und mein Herz stimmig anfühlt, ist, dass wir als Seele hier inkarnieren, um zu lernen, um Erfahrungen zu sammeln und vor allem, um zu fühlen. Dabei geht es nicht nur darum, schöne Erfahrungen zu machen und Freude und Liebe zu fühlen, sondern auch intensive Erfahrungen zu sammeln und auch so genannte unangenehme Gefühle zu durchleben. Als Seele haben wir mit anderen Seelen ein Art Vertrag geschlossen und uns ein Highfive gegeben. Wir waren als Seele so heiß drauf uns gegenseitig zu lieben, uns aber auch gegenseitig zu verletzen. Und so scheiße es klingen mag, wir haben sogar Abmachungen getroffen, wer unsere Eltern sind, wer unsere Kinder sind, dass wir Ehebrecher sind, dass wir gewalttätig sind, dass wir einer Sucht nachgehen und auch, dass wir die Welt verändern und zu einem besseren Ort machen. Alles aufs kleinste Detail haben wir als Seele geplant, nur können wir uns nicht mehr daran erinnern, sobald wir geboren werden. Klar, stell dir vor, du würdest von Geburt an die Information kennen, dann wäre ja kaum noch Anspannung da, oder? Und auch das Herausfinden dieser

Information ist ein Teil unseres
Seelenvertrags, denn jetzt, können wir ganz
anders auf das Leben und auf unsere
Mitmenschen schauen, oder? Als ich das las,
konnte sich vieles in mir lösen, jedoch ist
es nicht so, dass ich keinen Widerstand
mehr habe gegenüber Situationen und
Gefühlen. Das wird immer bleiben. Immer und
immer wieder werden wir fallen, um noch
größer und stärker aufzustehen. Aus diesem
Grund habe ich mir eine Liste erstellt mit
meinen Warums. Vielleicht möchtest du dir
auch Notizen machen und aufschreiben, warum
du jeden Tag aufstehst und wo der Sinn in
deinem Leben ist. Diese Liste hilft dir
dabei an schweren Tagen weiterzumachen und
holt dich schneller aus deinem Tief raus.
Auf meiner Warum-Liste stehen ganz oben die
Menschen, die ich über alles liebe. Mein
Sohn, mein Partner und meine Eltern und
Geschwister. Ein weiterer Grund ist, Wege
und Tools zu finden und zu erforschen, die
mir helfen durch das Leben zu gehen, in
Leichtigkeit und im Vertrauen und diese
Techniken mit der Welt zu teilen. Ein
Vorbild für meinen Sohn zu sein und auch
Muster loszulassen und zu verändern, um
meinen Nachkommen das Leben noch mehr zu
erleichtern. Denn das, was wir loslassen,
müssen unsere Kinder schon nicht mehr tun,
sondern können weitere Muster ändern und
noch mehr loslassen, sprich ihre
Lebensaufgaben erfüllen und nicht auch noch
die unerlösten Muster von den Eltern
weitertragen, obwohl auch das wichtig ist.
Es ist alles richtig und in Ordnung.
Was ich auch gerne mache, wenn ich mich in
einem Transformationsprozess befinde, ist,
mir vorzustellen ich wäre ein Adler, der
seine Kreise über mir in der Luft zieht.

Ich nehme also die Beobachterperspektive ein. Dieser Adler sieht sich die Situation als neutrales Lebewesen an und stellt fest, dass alle Empfindungen, die ich wahrnehme, alle Gefühle, sind sie noch so intensiv und erschreckend und alle Taten, egal ob gut oder schlecht, dass alles seine Richtigkeit und Wichtigkeit hat. Und dann zieht dieser Adler mit einem lächelnden Gesicht weiter in Richtung Zukunft, denn er kann mich schon dort sehen, wie ich losgelassen habe und Muster, die mir nicht gut tun verändert habe. Er sieht, wie ich leicht, glücklich und gesund bin und tanze. Und der Adler hört mein Zukunfts-Ich sagen: Ja es war richtig scheiße, aber irgendwie auch gar nicht so schlimm. Ich habe immer genug Kraft, Geduld und Mut, um jede Herausforderung anzugehen.

Und dann komme ich wieder zurück in die Gegenwart und verbinde mich mit meinem Zukunfts-Ich, welches ich gerade sehen und hören konnte. Ich kann jetzt schon so sein, so denken und so fühlen, wie in der Zukunft, denn Raum und Zeit existieren im Grunde gar nicht. Entscheide dich dafür, wie du dich jetzt fühlen möchtest und dann tu es. Viel Spaß bei deiner Zeitreise ;)

Meine Warum-Liste:

Sei so gut gelaunt,
dass negative Menschen
keine Lust haben,
in deiner Nähe zu sein.

Machtspielchen

Du wachst auf und spürst „jaaa, heute ist ein toller Tag". Du bist gut gelaunt, voller Energie und absolut in deiner Mitte/in deiner Kraft.
Heute kann absolut nichts schieflaufen. Du stehst auf, erledigst deine Arbeiten, tust Dinge, die dir Spaß machen und dir guttun und lässt alles einfach geschehen. In solchen Momenten haben wir Menschen unser Herz offen. Wir sind verwundbar und erfreuen uns des Lebens.
Dankbarkeit und Freude durchflutet uns. Wir strahlen, lieben, lachen, leuchten und könnten die ganze Welt umarmen.
Kennst du diese Tage? Wenn ja, sind sie nicht wunderbar? Und kennst du auch diese Momente, wo alles schön, bunt und stabil ist und auf einmal eine Situation alles innerhalb weniger Sekunden zum Einstürzen bringt? Ich muss schmunzeln, denn genau das ist mir passiert. Und es passiert mir öfter als mir eigentlich lieb ist.
Du hast das Gefühl, du könntest Berge versetzen und da kommt diese Person, die dich mit einem winzig kleinen Kommentar oder Spruch so sehr trifft.
Ja, dich so sehr aus der Bahn wirft in Sekundenschnelle und du zunächst nicht mal verstehst was in diesem Moment in dir vorgeht.
Nachdem du realisiert hast, dass diese Worte deines Gegenübers eine Wunde berührt haben, kannst du beobachten was in dir hochkommt.
Du verspürst Wut, in dir wird alles heiß und du fängst wortwörtlich an zu kochen. Dein Körper zittert, du möchtest schreien, aber da blockiert etwas in deiner Kehle. Du

könntest weinen, aber die Tränen drückst du zurück, denn du möchtest den Menschen nicht zeigen, dass sie dich verletzt haben mit dem was sie sagten. Und dann trägst du diese Wut in deinem Körper gefangen. In deinem Kopf spielt sich diese Situation immer wieder ab.
Eine never ending Story, die in dir abläuft. Und jedes Mal, wenn du diesen Film nochmal innerlich abgespielt bekommst, wächst deine Wut.
In meinem Fall wollte ich das was mir gesagt wurde, nicht wahrhaben. Ich leistete somit Widerstand. Widerstand gegenüber dem Gesagten, aber gleichzeitig auch Widerstand gegenüber meinen Gefühlen. Ich war verletzt, getroffen.
Kannst du dir vorstellen, warum wir Menschen nicht zeigen wollen, wenn es uns nicht gut geht und wenn uns jemand verletzt hat?
Wieso trauen wir uns nicht einmal auszusprechen "deine Worte erzeugen Wut in mir. Ich fühle mich verletzt". Nicht, damit sich unser Gegenüber mies fühlt und ein schlechtes Gewissen bekommt, sondern, damit die Situation nicht eskaliert. Damit unsere Gefühle nicht überkochen und uns kontrollieren. Es gibt Situationen, da bekommt man keinen Ton mehr raus. Man verstummt. Dann gibt es auch Situationen, in denen man anfängt zu schreien, sich zu streiten. In diesem Fall sollte man, um es nicht noch mehr zu verschlimmern sagen "ich ziehe mich nun für eine gewisse Zeit zurück, um mir über das, was gerade gesagt wurde, bewusst zu werden" oder "ich brauche jetzt erst einmal Zeit für mich. Wir können in Ruhe später darüber reden".

Nachdem ich mir in Ruhe meine Wut angesehen habe, konnte ich feststellen, dass sich hinter meiner Wut eine Angst verbirgt.
Die Wut, die ich spürte war lediglich ein Schutzmechanismus, um mir meine Angst nicht ansehen zu müssen. Denn die Angst vor der Angst ist immer das Problem. Nicht die Angst an sich tut uns was, sondern die Angst davor diese Angst zu spüren, zwingt uns lediglich in die Knie.
In meinem Fall handelte es sich um die Angst davor, dass sich jemand über mich stellt. Die Angst davor, mich würde jemand entmachten, erniedrigen, mich mit Füßen treten, besser sein wie ich. Die Angst davor zu scheitern und vor allem ein Versager zu sein.
All das wollte ich nicht wahrhaben. Ich wollte kein Versager sein und ich wollte auch nicht, dass jemand die Macht über mich hat.
Aber wisst ihr was das interessanteste an dieser Sache ist? Sobald du wütend reagierst und Angst hast, bist du bereits zur Zielscheibe geworden.
Na gut, jetzt habe ich es schon so weit geschafft, dass ich durch alles schönreden, ignorieren und Widerstand leisten in einen Erschöpfungszustand gefallen bin. Das heißt, mein Körper signalisiert jetzt Alarmstufe ROT.
Ich bin ehrlich zu dir, es ist mir schwergefallen, akzeptieren zu lernen, dass ich ein Versager bin. Oder besser gesagt, dass ich ein
Versager sein darf und mich trotzdem lieben darf. "Ich bin ein Versager und ich liebe es" sagte ich mir immer wieder laut während ich vor dem Spiegel stand. Es liefen Tränen, viele Tränen der Heilung bis ich

diesen Satz mit einem Lächeln im Gesicht
sagen konnte.
Dieses Lächeln symbolisierte, dass auch
wenn ich versage, auch wenn ich scheitere,
ich bin immer ein Gewinner, denn ich
erlaube es mir ein
Versager zu sein. Von diesem Zeitpunkt an,
tut es nicht mehr so weh, wenn mich jemand
kritisiert. Ich konnte eine Erleichterung
in mir wahrnehmen.
Ich konnte spüren, dass das aber noch nicht
alles gewesen ist. Hier durfte noch
Vergebung fließen. Aber wie kann ich dieser
Person vergeben?
Wie kann ich Verständnis entwickeln? Aus
welchem Gefühl, aus welcher Wunde heraus,
hat dieser Mensch diese Worte gewählt?
Und dann wurde es mir klar. In dieser Zeit
des Umbruchs, in dieser Zeit der
Veränderung, in der die Menschheit, lernt
sich selbst zu lieben, sich ihrem Herzen
zuzuwenden und ihre Wahrheit sprechen,
genau jetzt haben Menschen, die meinen sie
wären mächtiger als alle anderen, klüger
und besser als alle anderen, genau diese
Menschen, die mit ihren Machtspielchen
nicht mehr weiterkommen, bekommen Angst. Es
macht ihnen tierisch große Angst die
Kontrolle abzugeben. Es macht ihnen Angst
nicht mehr Herrscher über andere zu sein.
Denn es gibt immer noch Menschen, die im
alten Muster leben und ihre Mitmenschen wie
Sklaven behandeln. Doch dieses Zeitalter
ist schon längst vorbei und es wird nicht
wiederkommen, da wir alle auf dem Weg der
Liebe sind. Und da wurde es mir bewusst. In
diesem Menschen, der mir mit seinen Worten
weh tat, hat dieselbe Angst wie ich.
Er hat Angst davor zu versagen, seine Macht
zu verlieren und zu scheitern. Er hat Angst

davor genauso wie ich eine Angriffsfläche darzustellen.
Die Worte, die diese Person immer wählte, waren Machtspielchen. Doch nun in dieser Zeit fällt er bildlich gesehen von seinem Thron. Seine Machtspielchen, die als Zweck seines Schutzes standen, fruchten nicht mehr. Und auch in ihm kommt die Angst hoch ein Versager zu sein.
Ich konnte jetzt durch diese Erkenntnis nachfühlen was in diesem Menschen vorging. Ich konnte nachempfinden, wie weh es ihm tut, die Kontrolle abzugeben. Und ich kann heute sagen, dass ich diesem Menschen dankbar bin. Dankbar, dass er mich an diese Wunde aufmerksam gemacht hat.
Aber auch dankbar dafür, dass ich endlich verstehe, warum dieser Mensch so spricht und so handelt, wie er es tut. Er hat Angst. Einfach nur Angst, so wie ich es auch hatte. Ich weiß, wie schwer es ist diese Angst loszulassen und sie zu transformieren. Ich habe es geschafft und kann nun für ihn ein Vorbild sein.
Fazit: Wenn alle Menschen ihre Machtspielchen aufgeben würden und ihre Angst loslassen würden, könnte die Menschheit in Freiheit und Freude leben. Denn jeder Mensch hat Macht. Macht über sein Leben. Und wäre die Welt nicht voller Frieden, würde jeder seine Macht nutzen, um sich ein wunderschönes Leben zu erschaffen anstelle andere zu bekämpfen und zu bekriegen? Ich möchte dich bitten, eine friedvolle Zukunft zu wählen und somit auch ein Vorbild für andere zu sein. Danke dir dafür. Von Herzen danke.

Wer zugleich seinen Schatten
Und sein Licht wahrnimmt,

sieht sich von zwei Seiten und
damit kommt er in die Mitte.

Schattenarbeit

Als ich nach meinem Zusammenbruch begann
mich mit den Themen Selbstentwicklung und
Spiritualität zu beschäftigen,
stieß ich immer wieder auf Schattenarbeit.
Als ich diesen Begriff hörte, musste ich
irgendwie sofort an Batman denken.
Er ist ein Held und trotzdem so dunkel. Das
mich diese Art von Arbeit sehr weit bringen
und mich so sehr heilen würde, hätte ich
niemals gedacht. Doch was ist
Schattenarbeit? Vielleicht hast du das
schon mal gehört und vielleicht nutzt du
diese Technik bereits für dich. Das Leben
besteht aus Licht- und Schattenaspekten,
genauso wie wir Menschen.
Wir haben lichtvolle Seiten an uns, aber
auch Schattenteile. Lichtvoll sind die
Anteile in uns, die wir lieben.
Die Teile, die wir gerne der Welt zeigen
und die in unseren Augen positiv sind.
Schatten sind genau das Gegenteil.
Es sind die Aspekte in uns, die wir nicht
sein wollen, die uns peinlich sind oder
die, wie wir denken, sich nicht gehören. So
viele Jahre wurde ich immer als sensibel
und schwach bezeichnet. Das war in den
Augen meiner Mitmenschen etwas Negatives.
Dass ich so sensibel war, dass ich Energien
sehen, hören und spüren konnte, hatte ich
damals mal lieber nicht so laut ausposaunt.
Heute ist das für mich in Ordnung und ich
habe es für mich akzeptiert.
Ich fühlte mich ständig abgelehnt und hatte
Angst, dass Menschen mich verlassen, weil
ich nicht in ihr Schema passte.
Also versuchte ich nicht mehr sensibel und
schwach zu sein. Und außerdem wollte ich
persönlich auch nicht ängstlich sein.

Angst, Sensibilität und Schwäche waren meine größten Feinde, es waren meine größten Schatten.
Genau diese Eigenschaften wollte ich nicht mehr sein und auch nicht mehr leben. Ich wollte stark sein, taff und frei von Angst. Ich schaffte es sehr, sehr viele Jahre diese Schatten in mir zu unterdrücken. Eines Tages war der Keller in mir aber so voll, dass ich es nicht mehr schaffte die Türe zuzudrücken. Und so kam es, dass mich diese Schatten einholten und überschwemmten. Immer noch vergingen Jahre, in denen ich dagegen ankämpfte. Das war auch der Grund dafür, warum die Phase meines
Zusammenbruchs auch über Jahre ging. Denn wenn wir die Schatten unterdrücken und wegschieben, immer mehr dagegen ankämpfen, machen wir sie nur noch größer und stärker. Dadurch, dass wir Angst vor diesen Anteilen haben, werden sie so machtvoll und so destruktiv und überrollen uns wie eine Lawine. Aus dieser Überschüttung wieder rauszukriechen, war ein schwerer und schmerzender Weg. Zum Glück lernte ich Tools und Methoden kennen, die mir halfen, mich aus diesem Schlammassel wieder rauszuholen. Ich machte einen Kurs für meine Selbstheilung, bei dem Schattenarbeit ein riesen großes Thema war.
Diesen Kurs habe ich bei Bahar Yilmaz und Jeffrey Kastenmüller gemacht, die auch meine Mentoren bei meiner Ausbildung zum Elevation Coach waren. Diesen Erfolg möchte ich jetzt gerne mit dir teilen. Nimm dir ein paar ruhige Momente Zeit und forsche nach, ob es Eigenschaften an dir gibt, die du nicht sein willst oder, ob es Gefühle gibt, die du nicht fühlen möchtest. Nehmen

wir mal an du möchtest nicht wütend sein.
Du hast Angst
davor die Wut in dir zu spüren, weil du
fürchtest damit riesen großen Schaden
anzurichten zu können und Menschen, die du
liebst zu verletzen oder du weißt einfach
nicht, wie man richtig mit der Wut umgeht.
Also unterdrückst du die Wut, indem du zum
Beispiel alles über dich ergehen lässt. Du
lässt zu, dass Menschen deine persönlichen
Grenzen überschreiten, dir wehtun oder
andersrum, du fängst wegen jeder
Kleinigkeit an zu schreien oder wirst sogar
handgreiflich.
Du möchtest also dieses Gefühl nicht
dahaben und schiebst es weg. Durch diesen
Unterdrückungsmechanismus machst du die
Wut, deinen Schatten noch stärker. Das geht
eine Weile gut, so wie bei mir, doch
irgendwann explodiert der Topf und alles
kocht über. Du kannst du folgendes tun: Das
Wichtigste ist, dass wir unsere Schatten
akzeptieren, in unser
Leben integrieren und sie lieben lernen. Du
kannst dich vor den Spiegel stellen, wenn
du zu Hause bist oder gedanklich mit
folgenden Sätzen arbeiten: Ich bin Wut und
ich liebe es. Ich bin Wut und ich liebe es.
Ich bin Wut und ich liebe es.
Du baust deinen Schattenanteil in diesen
Satz und sagst ihn dreimal zu dir selbst.
Am Anfang wirst du dir vielleicht nicht
glauben können, aber im Laufe des
Prozesses, wird es dir immer besser und
leichter fallen, diesen Schatten zu
akzeptieren. Nutze diese Methode jedes Mal,
wenn du das Gefühl hast, dass die Schatten
noch Macht über dich haben.
Als nächste Schritt könntest du dir die
Frage stellen, welches Geschenk hinter

diesem Schattenaspekt liegt. Was könnte in unserem Beispiel das Geschenk hinter dem Gefühl Wut sein? Du könntest diese Energie der Wut dafür nutzen dich sachlich und verständnisvoll mitzuteilen und Grenzen zu setzen. Du könntest sie nutzen, um noch mehr das in die Welt zu bringen, was du verstärken möchtest. Du könntest diese Energie auch nutzen, um dich körperlich zu bewegen und Sport zu machen, denn damit tust du deinem Körper etwas Gutes. Ich persönlich liebe diese Technik und bin so dankbar, diesen zwei Menschen begegnet zu sein.

Als ich begann damit an mir zu arbeiten, stellte ich mir auch die Frage, was Unterdrückung ist. Was tun wir Menschen, was zu Unterdrückung führt. Wissen wir eigentlich was wir mit unserem Denken und Handeln anstellen? Nein, wir tun es zunächst unbewusst. Welche Arten von Unterdrückung ist feststellen konnte: Schreien, kämpfen, Widerstand, streiten, so tun als ob es einem gut geht, verleugnen, Ablenkung durch Medienkonsum, Alkoholkonsum, sich gedanklich ständig den Kopf darüber zu zerbrechen oder sich gedanklich noch mehr in etwas reinzusteigern, die Schuld in anderen suchen, Rauschzustände, Sexsucht und alle weiteren Süchte, sich zusammenreißen und viele mehr.

Vielleicht fallen dir auch noch andere Arten der Unterdrückung ein. Welche nutzt du?

Unsicherheiten

Das Universum schickt uns manchmal Momente,
wo uns unsere Sicherheiten genommen werden.
Sicherheiten in Form von Arbeitsplatz,
Personen, Geld, Gesundheit usw. Menschen
und Dinge an denen wir uns festhalten,
denen wir vertrauen und bei denen wir uns
wohl und geborgen fühlen. Personen und
Gegenstände, bei denen wir uns denken: Nur
wenn er/sie/es bei mir ist, bin ich
glücklich.
Vielleicht möchtest du dir die Frage
stellen, ob es schon mal vorgekommen ist,
dass dir etwas genommen wurde oder dich
jemand verlassen hat, bei dem du dachtest,
du könntest nicht ohne ihn/sie leben.
Doch warum ist es so, dass uns Sicherheiten
genommen werden? Warum trennen sich
Menschen von uns oder warum verlieren wir
unseren Job?
Wäre es möglich, dass uns das Universum die
Sicherheit nimmt, damit wir lernen die
Unsicherheit zu leben? Um die Unsicherheit
kennen zu lernen und eventuell auch lieben
zu lernen? Denn eigentlich gehört es ja
auch zum Leben dazu oder? Es gibt doch
immer Gegensätze, wie weiß und schwarz, so
auch hier. Sicherheit und Unsicherheit.
Und wenn wir mal tiefer bohren, wäre es
nicht auch möglich, den Unsicherheiten zu
vertrauen? So gesehen tun sie uns ja
nichts. Sie trennen uns lediglich von
etwas, was uns vielleicht gar nicht gut
tut? Vielleicht verlässt uns ein Mensch,
der uns eigentlich mehr Energie geraubt hat
anstatt im Geben und Nehmen zu sein?
Oder wir verlieren einen Job, der uns, wenn
wir es uns recht überlegen, gar nicht
gefiel oder sogar krank machte?

Also machen wir durch die Unsicherheit
sogar Gewinn oder?
Betrachten wir mal die andere Seite. Was
passiert, wenn wir im Geldmangel sind? Es
kommen Existenzängste und Zukunftsängste
hoch stimmt´s?
Im ersten Moment ist es vielleicht
furchtbar und kann auch sehr schwer sein.
Aber hier haben wir die beste Möglichkeit
zu wachsen und zu reifen.
Wir lernen ins Vertrauen zu gehen. Wie das
geht? Ganz einfach: Ich vertraue dem
Universum und bin dankbar dafür, dass für
mich mehr als genug gesorgt wird.
Ich bin bereit Sicherheit in die
Unsicherheit fließen zu lassen. Ich
entscheide mich dafür, mich im Vertrauen in
die Arme des Universums fallen zu lassen.
PS: Das was du denkst, erfährst du. Das was
du fühlst, ziehst du an.

Vergangenheit loslassen

Die meisten Menschen leben im Hier und
Jetzt eine Kopie ihrer Vergangenheit. Sie
leben ihr Leben immer weiter in
destruktiven Mustern.
Haben immer noch dieselben Gedanken und
Gefühle und möchten sich nicht verändern.
Als ich letztens mit meiner Familie im Auto
unterwegs war als Beifahrerin fiel mir nach
gewisser Zeit auf, wie sehr ich mich auf
das Geschehen im Seitenspiegel
konzentrierte. Ich sah alles was hinter mir
war anstatt nach vorne zu sehen.
Diese Situation zeigte mir ganz deutlich,
dass ich mich so sehr darauf fokussiere,
was hinter mir liegt, was geschehen war und
vergangen ist. Ich war aber so erstarrt in
diese Geschichten, die passiert sind und
tat mir so schwer sie loszulassen.
Ich war in letzter Zeit wirklich so oft und
sehr lange gedanklich damit beschäftigt,
mich über eine Person aufzuregen.
Ich schaukelte meine Gefühle immer weiter
auf und verlor mich in meinen Wutgedanken
und meiner Opferrolle. Ich nutze die
Geschichte mit der Person, die mich
triggerte, um diese ständig jemandem zu
erzählen. In dem Moment als mir das im Auto
bewusstwurde, dachte ich nur: What the
fuck!
Ich begann mir zu überlegen welchen
positiven Nutzen ich dadurch ziehe und
diese möchte ich hier mit dir teilen.

1. dadurch, dass ich die Geschichte mit
anderen Leuten teilte und sie immer wieder
durchkaute, hatte ich verdammt viel

Aufmerksamkeit und Verständnis bekommen.
Ich war der Mittelpunkt der Erde in diesen
Momenten, ich wurde geliebt und
   durfte mich in meiner bequemen Opferrolle
baden.

2. wenn jemand mir eine derartige Story
erzählte, war es für mein Ego ein
Volltreffer. Du fragst dich warum?
   Na, weil ich jetzt mitreden kann. Ich
habe dasselbe Problem sozusagen und habe
einen Menschen gefunden mit dem ich mich
austauschen
   kann. Auf welcher Schwingungsebene das
ist, ist ja zunächst erstmal egal.

3. ich war so sehr mit dieser Geschichte
beschäftigt, dass ich mir keine Zeit für
mich nehmen konnte, in der ich mich
weiterentwickeln kann.
   Ja, denn Wachstum und Veränderung kostet
Zeit, Energie und macht Angst. Daher ist es
für uns um einiges leichter uns weiter in
   unserer Scheiße zu wühlen anstatt uns in
den Arsch zu treten und in unsere Kraft zu
kommen.

Du siehst, dass wir jede Menge Vorteile
haben, wenn wir in alten Mustern bleiben.
Wenn wir uns ständig über das gleiche
aufregen und
unsere Vergangenheit als Ausrede nutzen, um
nicht vorwärts zu gehen und uns zu
verändern.
Was mir in solchen Situationen immer ganz
gut hilft, ist mir die kommende Woche oder
auch länger, also so wie es sich für jeden
stimmig anfühlt, mit folgender
Fragestellung zu arbeiten:

Warum fällt es mir so leicht loszulassen?

Immer öfter am Tag über einen gewissen
Zeitraum stelle ich mir diese Frage und
fange an mich auf die Vorteile des
Loslassens zu
konzentrieren. Faszinierend ist, dass alles
von alleine kommt und die Antworten und
Vorteile von selber zu dir kommen.
Du lässt los und kannst dich entspannen.

Wenn du merkst, dass dich der Vorteil von
Punkt 1 gepackt hat, arbeite gerne mit
folgendem Satz:
Ich lasse meine Opferrolle los und
entscheide mich dafür meine Schöpferkraft
in Besitz zu nehmen und zu leben.

Wenn dich Punkt 2 der versteckten Vorteile
beschäftigt, dann arbeite wie folgt:
Ich entscheide mich dafür, mich auf das
Positive zu konzentrieren und meinem
Gegenüber somit auch die Chance zu geben,
sich auch
für eine Schwingungserhöhung zu öffnen.

zu Punkt 3:
Warum fällt es mir so leicht, meine alte
Realität loszulassen und mich meiner neuen
Realität zu öffnen?

Nur weil deine Vergangenheit nicht immer so gelaufen ist, wie du es gerne hättest, heißt das nicht, dass deine Zukunft nicht besser werden kann.

Vergebung

Wenn uns etwas widerfahren ist, wenn wir
von jemandem verletzt wurden, sind wir so
sehr bemüht uns Gedanken darüber zu machen,
warum etwas so geschehen ist oder warum
jemand uns verletzt hat. Wir gebrauchen so
viel Energie, weil wir gedanklich zu sehr
im Außen beschäftigt sind. Wir zerbrechen
uns so den Kopf und wollen so vieles
verstehen. In spirituellen Büchern heißt es
immer, dass man erst vergeben hat, wenn man
Verständnis für eine Situation oder einen
Menschen hat. Da bin ich derselben Meinung.
Erst wenn wir liebevoll und dankbar auf
diese Situation oder diesen Menschen
blicken können, haben wir aus tiefstem
Herzen vergeben.
Die meisten konzentrieren sich jedoch zu
sehr auf das Verstehen wollen. Sie wollen
mit dem Kopf eine Lösung finden, damit sich
der Schmerz nicht mehr so unerträglich
anfühlt. Und am allerschlimmsten ist es,
wenn sie eine Erklärung haben wollen, um
die Situation oder den Menschen so
kontrollieren zu können. Denn wenn man
weiß, aus welchem Grund der Mensch mir
wehtat, kann ich ihm entweder das gleiche
als Rache zurückgeben oder ihm leichter
vergeben. Ersteres ist natürlich nicht
ausschließbar, denn manchmal ist unsere
Wunde so groß und so tief, dass man seinem
Gegenüber das gleiche wünscht und es ihm
auch antut.
Ich möchte mich hier eher auf die Menschen
konzentrieren, die glauben, dass Vergebung
lediglich durch das Verstehen mit dem Kopf
geschieht. Meiner Meinung nach geschieht
Vergebung auf beiden Ebenen. Einmal im Kopf
und einmal im Herzen. Aus eigener Erfahrung

kann ich sagen, dass ich im Kopf bereits
verstanden hatte, warum etwas geschah, aber
mein Herz, meine Seele musste auch noch
durch das Durchfühlen aller in mir
hochkommenden Gefühle. Und das war der
schwierigste Schritt aller Schritte im
Vergebungsprozess.
Und manchmal funktioniert Vergebung auch
nicht so schnell wie man es gerne hätte.
Manchmal dauert es Tage, Wochen und auch
Jahre bis man bereit ist zu vergeben. Unser
Ego ist so oft so sehr bemüht an dem alten
Schmerz festzuhalten, weil es ihn wichtig
fühlen lässt, weil es sagen kann: Weil mir
das widerfahren ist, kann ich mich zum
Beispiel nicht mehr für eine neue Liebe und
Partnerschaft öffnen.
Es hat einen Grund durch das Festhalten am
Alten, um sich nicht zu ändern, um Altes
loszulassen und Neues anzunehmen. Denn
Veränderung macht Angst, kostet uns Energie
und ist nicht immer einfach. Manchmal
müssen wir so viel Stolz ablegen und unser
Recht haben wollen bei Seite tun und uns
auf das Schöne konzentrieren.
Alles ist wichtig uns gut, doch finde ich
ist es wichtiger sich auf seine Gefühle zu
konzentrieren und nicht dauerhaft mit dem
Verhalten anderer beschäftigt zu sein. Es
ist natürlich leichter sich um die Probleme
und Gefühle anderer zu kümmern, als sich
seine eigenen anzusehen. Ich erhalte immer
so viele Fragen, die lauten: Anastasia,
kannst du dich bitte in diese Geschichte
reinfühlen und mir sagen, warum XY so
gehandelt hat? Was möchte XY damit
bezwecken? Wieso hat XY das getan?
Das sind alles Fragen, die auf Kontrolle
hindeuten. Ich kann mich in die Geschichten
reinfühlen und meinen Klienten sagen, aus

welchem Gefühl heraus XY gehandelt hat, ja kann ich schon, doch ist es nicht der ausschlaggebende Punkt. Es würde eigentlich reichen, wenn ich sagen würde: XY hatte einen persönlichen Grund für sein Handeln. Die wichtigere Frage wäre in diesem Kontext an meinen Klienten:
Warum reagierst du so drauf? Welche Gefühle holt diese Tat in dir hoch? Gibt es unentdeckte Schatten, die integriert werden wollen?
Es ist so wichtig den Fokus wieder auf sich zu richten und sich mit dem zu beschäftigen, was einen selber betrifft. Und das was uns persönlich anzugehen hat, sind unsere Gefühle und Empfindungen. Alles andere, alles was nicht zu uns gehört, ist nicht unsere Baustelle.
Es geht uns knallhart gesagt absolut ein Scheißdreck an, was andere betrifft. Jeder Mensch ist frei und darf denken, fühlen und handeln wie er möchte, genauso wie du. Ich möchte dir ein Beispiel geben: Ich habe mich aufgeregt, weil eine mir nahestehende Person mir und meiner Familie so viel Aufmerksamkeit und Liebe schenkte, auf ihre Art und Weise. Ich fühlte mich eingeengt als ob diese Person mir die Luft zum Atmen nahm. Ich fühlte mich kontrolliert und fast schon beobachtet. Ich fragte mich so lange, was diese Person im Schilde führt. Das kann doch nichts Gutes sein, oder? Kann es sein, dass diese Person über mich und meine Familie Besitz ergreifen möchte? Uns kontrollieren möchte?
Das ging wochenlang so. Immer wieder schickte das Universum diese Person los, um mir diese erdrückende Liebe zu übermitteln. Als ich dann nach sehr langer Zeit endlich auf die Idee kam, ja wir haben alle ein Ego

und sind nur Menschen, den Fokus von dieser Person zu nehmen und auf mich zu richten, konnte Transformation in mir geschehen. Ich fragte mich: Wovor habe ich Angst? Was möchte ich nicht?
Warum kämpfe ich so sehr gegen die Liebe? Ich versuchte die Situation auch von einem anderen Blickwinkel zu betrachten, als eine Art Beobachter und neutrale Person. Und stellte mir die Frage: Kann es sein, dass die Person uns nicht kontrollieren möchte, sondern uns einfach wirklich so sehr liebt? Und kann es sein, dass ich diese Liebe nicht zulassen kann, weil ich Angst vor Liebe habe? Angst davor, weil ich mein Herz verschlossen hatte aufgrund von altem Schmerz, den die Liebe in mir erzeugte? Ja, so war es. Mir wurde bewusst, warum ich auf die Situation so reagierte, wie ich reagierte und konnte nun im Kopf umdenken. Im Herzen begann nun auch ein Vergebungsprozess mir gegenüber. Ich ließ alle Gefühle zu, ließ den Tränen freien Lauf und konnte mir vergeben.
Und eigentlich müssen wir niemandem vergeben, denn eigentlich sind wir immer nur auf uns selber wütend. Immerhin könnten wir auf eine Situation auch gelassen reagieren, oder nicht? Und eigentlich müssen wir auch uns gar nicht vergeben, denn Vergebung ist ein Reflex unseres Herzens, das ganz automatisch funktioniert. Wir können das "vergeben müssen" loslassen, um vergeben zu können.

Wenn ein Mensch
etwas falsch gemacht
hat,
vergiss nicht all die
Dinge,
die er vorher
richtiggemacht hat.

Wenn du dich mit dem Tod auseinandersetzen musst

Ich weiß noch, als ob es gestern gewesen wäre. Ich saß im Klassenzimmer und die Schulglocke läutete um 12:00 Uhr zur letzten Unterrichtsstunde vor dem Wochenende. Ich atmete tief ein und aus vor Erleichterung, dass ich wieder eine Woche Schulunterricht bald geschafft hatte. Einige Sekunden später überkam mich ein Gefühl der unendlichen Traurigkeit, doch ich wusste nicht woher dieses Gefühl auf einmal kam, denn es passte ja absolut nicht zu der Situation, in der ich mich zu der Zeit befand. Ich musste prompt an meinen Opa denken, der an Krebs litt. Auf einmal verwandelte sich meine Traurigkeit in ein warmes Gefühl der Geborgenheit. Ich fühlte so viel Wärme, eine innere Ruhe und so ein friedvolles Gefühl durchströmte meinen kompletten Körper. So etwas habe ich in meinem Leben noch nie gespürt, aber es war irgendwie toll.

Als ich nach Unterrichtsschluss zu Hause ankam, empfing mich meine Mutter direkt an der Tür. Ich konnte ihr direkt anmerken, dass etwas nicht stimmte. Ich bin mir nicht mehr sicher, ob sie überhaupt etwas zu mir sagte, ich weiß nur, dass das einzige was aus mir rauskam ein leises "Nein" war.

Mein Opa ist an diesem Tag um 12:00 Uhr verstorben. Ich bekam keine Luft und auch jetzt, wenn ich diese Zeilen schreibe, bekomme ich schwer Luft und muss heute noch 14 Jahre später fürchterlich weinen. Ich war damals 14 Jahre alt und wusste nicht was es ist, der "Tod". Ich habe schon oft davon gehört gehabt, aber dachte immer, so etwas passiert mir nicht in unserer

Familie. Vielleicht war es eine Art
Schutzmechanismus von meinem Kopf.
Das Schlimmste war, dass ich meinen Opa,
als ich ihn in der Leichenhalle sah, nicht
wiedererkannte. Ich erschrak so sehr, dass
ich mich bis zur Beerdigung nicht traute
ihn noch einmal anzusehen. Dieser Körper,
der dalag, war nicht der meines Opas. Die
Leiche sah einfach nicht aus wie mein Opa.
Am Tag der Beerdigung fragten meine Eltern
mich, ob ich mich von ihm verabschieden
möchte, denn in wenigen Minuten sollte der
Sarg geschlossen werden. Ok, das habe ich
jetzt sehr nett ausgedrückt. Meine Eltern
sagten, ich müsse mich jetzt verabschieden
und solle ihn berühren.
Ich tat natürlich was man mir sagte und
passte auf, meinem verstorbenen Opa nicht
ins Gesicht zu sehen. Ich berührte seine
Hand und weiß bis heute nicht, was geschah.
Ich fing an zu schreien. Ich schrie so
laut, dass ich die ganze Aufmerksamkeit der
Gäste auf mich zog. Ich konnte nicht
aufhören, bis mich mein Vater raustrug und
mich an meine Patentante übergab, die mich
in ihrem Arm hielt, bis ich wieder ruhig
atmen konnte.
Bis heute kann ich bestätigen, dass das der
schlimmste Tag in meinem Leben war. Jetzt
wusste ich was es ist, dieser Tod.
Er ist unberechenbar, voller Schmerz und
Leid, dunkel, abartig. Ich hasste ihn, ich
hasste den Tod. Ich bin ganz ehrlich zu
dir, erst vor einem Jahr konnte ich dieses
schwere Erlebnis in meinem Leben
verarbeiten. Erst als ich mich traute, mir
dieses Geschehen noch einmal in Erinnerung
zu holen und mir meine Gefühle anzuschauen,
konnte es in mir heilen.

Erstaunlich war, dass ich eine enorme Wut auf meinen Opa hatte. 12 Jahre hatte ich mir erlaubt Trauer zu spüren, sonst nichts. Als ich die Wut hochkommen lassen habe, begann sich etwas in mir zu verändern. Ich war wütend auf ihn, weil er mich alleine lies.

Er als mein einziger wahrer Freund in meiner Familie. Derjenige, der zu mir stand, der mich unterstütze und meine Eltern schimpfte, wenn

sie mich zu streng erzogen. Mein Opa, der meinem Vater die Leviten las, wenn er zu schnell Auto fuhr und ich Angst hatte.

Mein Opa, der meiner Mutter erklärte, dass ich nach der Schule erst Ruhe und Erholung bräuchte, bevor ich mich an die Hausaufgaben oder an die Hausarbeiten machte. Mein Opa war der beste Mensch der Welt. Er war der lustigste Komiker, der gefühlvollste Mann aber leider auch ein starker Gefühle-Unterdrücker. Er brachte mir bei, wie man Fahrrad fährt und Rollschuhe. Beim Skateboard fahren, brach er sich leider etwas. Er brachte mich immer zum Lachen. Ich werde ihn nie vergessen. Aber ich hasste ihn. Ich hasste ihn dafür, dass er mich alleine ließ auf dieser Welt. Er war mein Schutz, meine Sicherheit, der Einzige, der mir ein Lächeln ins Gesicht zaubern konnte. Ja das meine ich ehrlich, ich habe sonst nicht viel gelacht.

Diese Wut durfte nun gefühlt werden und unzählige Tränen flossen über mein Gesicht. Dann geschah ein Wunder. Ich nenne es Wunder, weil es mir so viel Heilung und Gesundheit brachte. Die Wut und die sich dahinter versteckte Angst vor dem Verlassen werden, verwandelten sich in Liebe.

In Liebe und Dankbarkeit. Dankbarkeit für die wundervollen 14 Jahre. Dankbarkeit für die kostbare Zeit des Lachens und Lebens. Dankbarkeit dafür, was ich durch ihn lernen durfte. Er zeigte mir, dass man das Leben und sich selbst nicht zu ernst nehmen darf. Er lehrte mich, ein verspieltes und verrücktes Kind sein zu dürfen, egal in welchem Alter man ist. Er zeigte mir, wie sich Liebe anfühlt und welche Freude es einem bereiten kann, mit seinen Liebsten zusammen zu sein und zu spielen. Er bekam diese Liebe seiner Eltern leider nicht, war aber so stark und mutig, dieses alte Muster seiner Ahnen zu durchbrechen und es in seinem Leben anders zu machen, zumindest so gut er konnte und wusste. Er ist ein Vorbild. Mit ca. 20 Jahren konnte ich feststellen, nachdem ich bereits meinen Zusammenbruch erlitten habe, dass ich dasselbe Muster meines Opas lebte. Ich betrank mich jedes Wochenende und spülte somit meine Gefühle runter. Ich "baute" so Stress und Schmerz ab, meinte ich. Heute weiß ich, dass ich meinen Schmerz und mein Leid dadurch nur vergrößerte bis der Topf zum überkochen kam. Ich bin meinem Opa dankbar, dass er mir zeigte, dass diese Art und Weise mit seinen Gefühlen und Empfindungen umzugehen der falsche Weg war. Er bekam dadurch Krebs. Ich bin meinem Körper für meinen Zusammenbruch dankbar, denn er stoppte mich und zwang mich in die Knie, um mit diesem Verhaltensmuster aufzuhören. Was ich damit schlussendlich sagen möchte ist, auch wenn der Tod meines Opas die schlimmste Erfahrung überhaut in meinem Leben ist, bin ich dankbar.

Durch seinen Tod konnte ich einen Neuanfang
starten. Ich kann die Aspekte leben, die
ich an ihm toll fand und die Aspekte
ändern, die ich nicht so
toll fand. Ich nenne es Karma -
Familienkarma auflösen. Das ist das Spiel
des Lebens. Ich werde ihn immer vermissen
auch wenn ich weiß, dass
er immer da ist auf einer anderen Ebene.
Ich gehe seinen Weg weiter. Ich lege
weitere Pflastersteine auf dem Weg, den er
und alle anderen Ahnen bereits begonnen
haben. Ich bringe noch mehr Liebe in die
Welt und bin noch mehr ein Vorbild für
Heilung und Veränderung.
Warum ich diesen Abschnitt meines Lebens
schriftlich festhalte? Ich werde in einigen
Monaten heiraten und die Worte meines Opas
waren:
"Auch, wenn ich schon alt und krank bin,
ich verspreche dir, ich werde noch an
deiner Hochzeit mit dir tanzen."
Ich freue mich auf diesen Tag. Ich freue
mich auf diesen Tanz. Er hat noch nie ein
Versprechen gebrochen.
Ein Tanz zwischen dem Grobstofflichem und
dem Feinstofflichem. Ich werde dich spüren
Opa, das weiß ich genau.
Leider wurde die Hochzeit aufgrund des
Corona-Virus um weitere fünf Monate
verschoben, aber das ist ok, ich bin voller
Vorfreude und kann warten.
In Love

Die schönsten Momente im Leben
sind die, bei denen man lächeln muss,
wenn man sich zurückerinnert.
Erinnerungen, die unser Herz
berühren, gehen niemals verloren.
Das Leben ist begrenzt, doch die
Erinnerung unendlich.

Die Zeit ist gekommen Abschied zu nehmen.
Ich erkläre den heutigen Tag zum Tag des
Sterbens und der Neugeburt.
Lange genug weinte ich Tränen heißer Lava,
zerbrach an vermeintlicher Liebe und atmete
toxische Luft.
Lange genug sammelte ich die Splitter
meines gebrochenen Herzens und legte sie
behutsam wieder zusammen.
Die klirrende Kälte füllte meinen leeren
Körper.

Heute sage ich: STOP
Heute hole ich mir all meine Energie und
Kraft zurück.
Ich hole mir meine Lebensfreude und mein
Lächeln zurück.
Heute schaue ich noch ein letztes Mal hinter
mich und verabschiede all das was passierte
mit Tränen in den Augen.
Tränen der Dankbarkeit und Liebe.
Ich bin dankbar dafür, dass ich der Mensch
geworden bin, der ich heute sein möchte.
Ich verspüre Liebe, Liebe zu mir, zum Leben
und allem was war und ist.

Heute lege ich meinen Schutzpanzer ab, lasse
goldenes Licht durch meinen Körper strömen
und somit Heilung geschehen.
Heilung auf allen Ebenen.

Denn die Zeit ist gekommen, meine
Geschichte neu zu schreiben.
Wahrhaftig zu lieben, die Wärme zu spüren
und mein Herz zu öffnen, wie eine zarte
Lotusblüte.
Ich sterbe einen inneren Tod und erwache
gleichzeitig zu einem neuen Zauberwesen.
Meine Seele kann nun wieder atmen.
Mein Körper kann sich nun an frischer Luft
erfreuen.
Mein Herz darf voller Vorfreude vor dem was
kommt, hüpfen.
Und nun mache ich den letzten Schritt in ein
neues Kapitel.

Ich bin hier, um zu Strahlen.
Ich bin hier, um Ich zu sein.
Danke, danke, danke.

Diese Zeilen habe ich einer
besonderen Person gewidmet, deren
Weg zur Heilung ihrer Vergangenheit
und Herzöffnung ich als Coach
begleiten durfte. Diese Worte
beschreiben ihre Transformation. Ich
freue ich so sehr, dass sich dieser
Mensch für Veränderung entschieden
hatte und sich mir und der
Heilenergie der geistigen Welt
anvertraute.
Danke dafür <3

Schluss & Danksagung

Dieses Buch habe ich geschrieben für meinen Sohn und wegen meinem Sohn. Er, der mich gerettet hat und der immer da ist, mich liebt und annimmt, wie ich bin.
Mein Sohn, der mir zeigt, dass alle Facetten des Lebens in Ordnung sind und der mich daran erinnert, dass nach jedem Sturm ein Regenbogen auf mich wartet.
Auch habe ich dieses Buch für dich geschrieben. Ich bin mir sicher, es kommt zum richtigen Zeitpunkt in deine Hände. Ich wünsche mir so sehr, dass dir meine Worte und meine Gefühle Trost und Zuversicht spenden. Ich wünsche mir, dass dich diese Liebe, die ich dir in diesen Zeilen schicke, erreicht und, dass du beginnst Wunder in dein Leben einzuladen. Es ist mir eine Ehre dir von meinen Heartstories zu erzählen und dir zu zeigen, dass das Leben immer für dich und für uns alle ist.
Ich möchte allen danken, dich mich unterstützt haben und, die an mich geglaubt haben. Am meisten danke ich denen, die nicht an mich geglaubt haben, denn diese Menschen sind mein größter Antrieb.
Ich danke meinem geistigen Team, meinem Schutzengel und allen Lichtarbeitern, die mir halfen meine Augen zu öffnen und mein Herz und meine Seele heilen zu lassen. Ich bin dankbar für meinen Zusammenbruch, denn er öffnete mir so viele Chancen der Heilung, der Vergebung und des Loslassens. Dadurch lernte ich mich kennen und konnte herausfinden, wo mich mein Herzensweg hinführt.
Als diese Erkenntnisse und noch viel, viel mehr wünsche ich dir auf deinem Lebensweg. Mögest du glücklich sein.

Mögest du erfüllt sein.
Mögest du gesund sein.

Von ganzem Herzen

Deine   *Anastasia*

Herstellung und Verlag:
BoD – Books on Demand, Norderstedt
ISBN: 978-3-7519-4972-9